LES
VEILLÉES NANTAISES

"La Surveillante"

Couëdic de Kergoualer

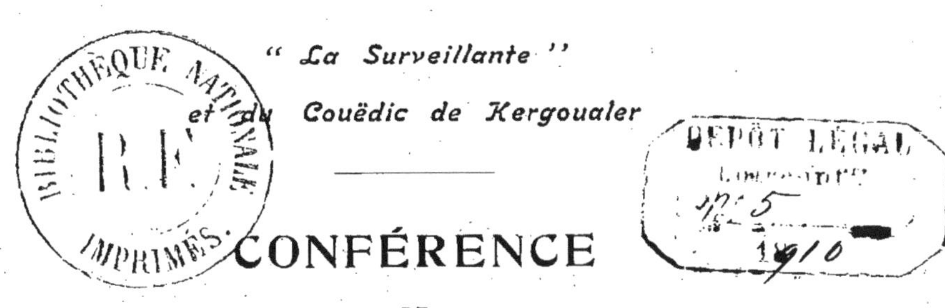

CONFÉRENCE

DE

M. le Général Comte de CORNULIER-LUCINIÈRE

Janvier 1910

NANTES

IMPRIMERIE DE LA LOIRE

5, Rue de Strasbourg

1910

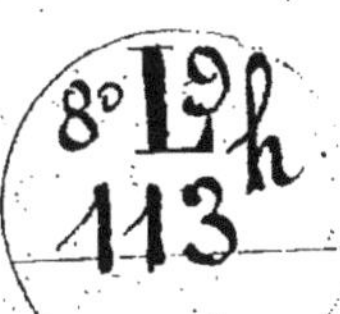

LES VEILLÉES NANTAISES

" La Surveillante "
et du Couëdic de Kergoualer

LES

VEILLÉES NANTAISES

" La Surveillante "
et du Couëdic de Kergoualer

CONFÉRENCE

DE

M. le Général Comte de CORNULIER=LUCINIÈRE

Janvier 1910

LES VEILLÉES NANTAISES

" La Surveillante "

et du Couëdic de Kergoualer

CONFÉRENCE

De M. le Général Comte de CORNULIER=LUCINIÈRE

(Janvier 1910)

PROLOGUE

Nous parlerons ce soir, si vous le voulez bien, de notre chère et pittoresque Bretagne, ainsi que de quelques-uns de ses enfants qui lui ont fait tant d'honneur, en léguant les plus beaux exemples qu'il soit possible de donner, aux générations vieilles et jeunes qui se succèdent rapidement à jets continus.

6

N'oublions pas que nous appartenons à cette race généreuse, hospitalière et entêtée, *soyons-en fiers*, que notre poète **Brizeux** a si bien décrite dans les vers suivants :

« Oh ! nous sommes encore les hommes d'Armorique,
« La race courageuse et pourtant pacifique ;
« Comme aux jours primitifs, la race aux longs
[cheveux
« Que rien ne peut dompter, quand elle a dit : « JE VEUX »
« Nous avons un cœur franc pour détester les traitres ;
« Nous adorons JÉSUS, le Dieu de nos ancêtres ;
« Les chansons d'autrefois, toujours nous les chantons ;
« Oh ! nous ne sommes pas les derniers des Bretons !
« Le vieux sang de tes fils coule encor dans nos veines,
« O terre de granit, recouverte de chênes ! »

. . . .

Les hommes passent ; mais la mémoire de leurs belles actions reste vivace dans nos cœurs.

I

Mesdames et Messieurs,

Nous vivons de souvenirs et d'espérances ; quelquefois, trop souvent peut-être, d'illusions.

Les *Souvenirs* réconfortent l'âge mûr. Plus tard, dans l'âge avancé, ils ont l'heureux privilège de procurer au cerveau un regain de vigueur et de jeunesse.

L'*Espérance* adoucit toutes les périodes de la vie. Elle est, pour nous, un immense bienfait permanent de la divine Providence.

Les *Illusions* sont plus généralement le propre de l'enfance et de l'adolescence.

Parmi les personnes qui frisent la cinquantaine, beaucoup diront sans doute, non sans apparence de raison, que plus les illusions sont dorées et brillantes, plus elles disparaîtront vite en fumée !

Permettez-moi, Mesdemoiselles, et vous jeunes gens, qui me faites l'honneur de m'écouter, de respecter la douceur de celles dont vous pouvez vous nourrir. Ce n'est pas moi qui chercherai à vous les enlever.

En ce qui me concerne, j'aime à me reporter souvent à ces bons souvenirs d'enfance, où le chemin de la vie m'apparaissait enguirlandé de roses sans épines. J'aime à redire avec le poëte :

> « *Combien j'ai douce souvenance*
> « *Du joli lieu de ma naissance !*
> « *Ma sœur, qu'ils étaient beaux ces jours*
> « *de France !*
> « *O mon pays, sois mes amours,*
> *Toujours !* »

Le « joli lieu de notre naissance » à nous autres Bretons ! c'est cette vieille Armorique, pays de la blanche hermine.

Pays aux côtes granitiques déchiquetées par les vagues écumantes, parfois phosphorescentes, qui tour à tour frisent ou défrisent, lèchent ou bouleversent brutalement, souvent même arrachent sans pitié les brunes chevelures de goémons et d'algues, parure de nos rochers sauvages, qui répandent au loin des senteurs iodées ou salines vivifiantes et enivrantes.

Pays projeté dans la mer, comme un défi à l'Océan, que d'innombrables phares entourent et éclairent pendant la nuit ; ...... au ciel, si souvent gris et pleureur qui porte à la rêverie ;

..... aux élégants clochers à jour de nos villages ;
aux landes sans fin de notre terroir ; ..... aux
calvaires qui se dressent partout, depuis des
siècles, sur notre sol, au milieu des sapins et des
chênes, sol d'où sont sortis, ... et où sont
rentrés, tant de héros qui ont fait l'honneur de
notre chère province.

Tel est notre pays !... à nous.

Tout comme en Lorraine, nous avons le droit
de dire fièrement : *Qui s'y frotte s'y pique !*..... Et
nous l'avons souvent prouvé. Demandez-le aux
Anglais !

BREIZ !! est le mot magique qui nous sert de
ralliement.

II

Puisque j'ai évoqué le mot de « Souvenir », laissez-moi aujourd'hui reporter ma pensée sur le modeste salon d'un appartement situé au premier étage d'une petite maison de la rue Royale, à Nantes, portant le n° 13.

Le jour y filtrait par une fenêtre donnant sur la rue, et y éclairait un splendide tableau de peinture à l'huile, ainsi qu'une superbe gravure ancienne qui composaient son plus bel et son plus précieux ornement. Je me vois encore, tout bambin que j'étais alors, en extase devant le sujet qu'ils représentaient, tant il frappait vivement l'imagination. C'était le combat naval de la frégate française la *Surveillante* contre la frégate anglaise le *Québec*, livré le 7 octobre 1779, dans le N. E. d'Ouessant.

Le salon où ils se trouvaient était celui de **M. Charles du Couëdic de Kergoualer,** fils du vaillant commandant de la *Surveillante,* avec lequel nous allons passer la soirée.

— *D'où venaient cette estampe et cette toile ?* me demandez-vous.

— Ecoutez !

La *gravure,* un chef-d'œuvre produit par le burin d'un artiste des Iles Britanniques, **M. Barter,** avait été composée et gravée en Angleterre, en 1780.

Le *tableau*, de grande dimension, était dû au pinceau expérimenté d'un officier de marine de l'époque, aussi connu que distingué, M. le chevalier **de Rossel**. Il était vraiment émotionnant à contempler dans son ensemble et dans ses moindres détails.

Le maréchal **de Castries,** ministre de la Marine d'alors, avait eu l'heureuse et généreuse idée de commander trois toiles semblables à l'artiste dénommé ci-dessus, pour perpétuer la souvenance de cette action d'éclat dans l'esprit des générations présentes et futures.

Gravure et *tableau* avaient été gracieusement offerts, la première par **M. Barter** lui-même, le second par **S. M. Louis XVI,** à Madame **Marie-Anne du Couëdic de Kerbleizec,** à la fois cousine et veuve du commandant de la *Surveillante,* mort de ses blessures, à Brest, le 7 janvier 1780.

Dans sa lettre d'envoi, datée de Londres, le 20 décembre 1781, **M. Barter** disait :

« — ..... C'est un hommage qui vous est justement dû ; et quand la postérité saura que ce tribut fut payé par un étranger et un ennemi, la gloire du vaillant **du Couëdic** n'en paraîtra que plus complète (1) ».

___

(1) Le tableau de **Rossel** et l'original de la lettre du graveur **Barter** sont actuellement entre les mains de mon ami M. le vicomte **du Couëdic de Kergoualer** (Raoul), château de Beauregard, par Palinges (Saône-et-Loire).

12

D'autre part, relativement au tableau de **Rossel,**
voici ce que dit M. le chevalier **de Lostanges,**
enseigne de vaisseau, qui commandait la batterie
couverte de la *Surveillante :*

« Pendant le temps de l'ivresse révolutionnaire,
en 1793, ce tableau sauva la maison de Madame **du
Couëdic** du pillage général dirigé contre les
nobles. Au nom du Comité du Salut Public, une
horde de révolutionnaires se porta dans sa maison, sous prétexte de rechercher des armes et
des émigrés cachés.

Madame **du Couëdic,** conservant son courage,
alla se réfugier à côté du tableau de la *Surveillante*
et, le montrant à ces furieux, elle leur dit :

« — *C'est ainsi que votre compatriote a servi
sa Patrie !* »

« Ces paroles prononcées avec une contenance
noble et rassurée ; son regard où brillait la
gloire de son mari ; l'aspect de ce volcan qui
lance au loin des flammes, et les débris du
Québec embrasé, arrêtèrent ces furieux égarés (1).

« Leur chef, frappé de ce spectacle (2), et de
l'expression de dignité répandue sur les beaux
traits de la figure de Madame **du Couëdic,**

---

(1) Le *Québec* était tout en feu, et l'incendie détermina
l'explosion de ses poudres.

(2) Je n'ai donc rien exagéré quand je disais plus haut
que la vue dudit tableau était *vraiment émotionnante.*

embrassée par ses enfants que la frayeur serrait
autour d'elle, lui dit avec une respectueuse
émotion :

« — *Madame ! soyez tranquille ! Sensibles à
tout ce qui tient à la gloire du nom français, nous
saurons toujours respecter la mémoire de votre
mari qui a si bien mérité de la Patrie !* »

Puis alors se retournant vers les hommes de
la bande qui l'avait suivi, « il leur vanta la belle
action qu'avait faite M. **du Couëdic**, en sacri-
fiant et en perdant si vaillamment sa vie pour
l'honneur national ; et tous sortirent en *promet-
tant* de respecter et de protéger la famille d'un
si digne, si brave, et si bon citoyen » (1).

Tel fut l'effet foudroyant que produisit la vue
de ce tableau sur l'esprit de ces forcenés,
malheureux égarés qui du moins, eux, avaient
encore au cœur, et vivace, *l'amour de la Patrie.*
Aucun d'eux, à coup sûr, n'aurait eu l'idée
malsaine, renversante, antipatriotique et diabo-
lique de... « *planter le drapeau de la France sur
un tas de fumier.* » Le sieur *Hervé* n'était pas
né, et la tourbe des *Sans-Patrie* n'infectait pas
à ce moment le sol du territoire. *Il n'était pas*

---

(1) *Relation du combat de la frégate française la*
Surveillante *contre la frégate anglaise le* Québec, par
le chevalier *de Loslanges*. (Paris ; Firmin Didot, imprimeur du Roi, de l'Institut et de la Marine ; rue Jacob,
N° 24. — 1817 —.)

encore de mode de baver sur les gloires françaises.

Les protestations du chef de la bande envoyée par le Comité du Salut Public étaient évidemment sincères, au moment où il parlait : mais un jour sombre survint plus tard, où il ne se trouva plus personne pour protéger et défendre la pauvre veuve. Ce fut sous la Terreur. Arrêtée avec ses deux filles, incarcérée au château de Josselin transformé en prison, ces innocentes victimes allaient être exécutées, quand arriva le 9 Thermidor qui sauva leurs têtes de l'échafaud.

III

Nous venons de voir comment Madame **du Couëdic,** cette femme si bretonne et si française, triompha des révolutionnaires qui avaient envahi par la force et violé son domicile.

Née en 1746, au manoir de Kerbleizec, paroisse de Gourin, évêché de Vannes, elle avait épousé, en 1771, à Quimperlé, son cousin **du Couëdic de Kergoualer** qui, jeune et déjà brillant officier de marine, avait alors trente et un ans.

La douce union de ces deux âmes d'élite, si bien faites pour se comprendre, ne devait, hélas! durer que huit ans. **Marie-Anne,** devenue veuve à trente-trois ans, survécut pendant trente-huit années à son glorieux époux, et mourut à Vannes en 1818.

Elle fut, à coup sûr, la meilleure des mères, et son mari l'entoura toujours de la plus vive tendresse.

Tenez ! permettez-moi de vous citer quelques fragments de la *dernière* lettre que ce héros adressait à sa femme vingt et un jours avant que les évènements inscrivissent son nom, en lettres de sang, sur les contrôles de l'Immortalité. Elle contient quelques détails intéressants sur la situation générale d'alors, et sur la situation particulière de certains membres de sa famille (1).

« *Surveillante*, ce 15 septembre 1779, soir.

« Je reçois, chère et intime amie, ta lettre du 11 . . . .

« Pour Dieu ! ménage ta santé si chère à ton chevalier ! . . . .

« Ce qui me fâche beaucoup, c'est que tous les propos de notre général **d'Orvilliers** tendent à nous faire croire qu'il quitte le commandement de l'armée. Dans mon particulier, j'y *if* perdrai beaucoup. Il n'y a pas quinze jours, qu'à bord de son vaisseau, il me disait les choses les plus flatteuses. Je dois ces compliments en partie à la marche supérieure de la frégate qui m'a mis à même de briller dans l'armée.

« Si nous en croyons les bruits publics, c'est la maison *d'Orléans* qui fait sauter notre général. On pourra nous en donner un aussi brave, mais

---

(1) J'en dois la communication à l'amabilité de mon neveu, le vicomte **de Cornulier-Lucinière,** ancien officier de marine, dont la mère était l'arrière-petite-fille du commandant de la *Surveillante*.

pour plus expérimenté dans le métier, j'en doute. On parle de **M. du Chaffault**. »

Ici j'arrête un instant cette lecture pour vous soumettre quelques observations.

A ce moment, le comte **d'Orvilliers** (1) commandait la flotte combinée franco-espagnole réunie au complet depuis trois jours (le 12 septembre) en rade de Brest. Don **Luis de Cordova** avait sous ses ordres l'escadre espagnole. Ensemble, ces forces comprenaient soixante-dix vaisseaux de ligne, de nombreuses frégates, corvettes et autres plus petits bâtiments.

D'Orvilliers venait de conduire au feu son escadre et de se distinguer au combat d'Ouessant (2).

A vrai dire, ce titre de « *général* » conféré à des amiraux nous cause aujourd'hui quelque surprise. Mais à cette époque, il était d'usage de le donner aux chefs d'escadre. C'est ainsi que **Jean Bart** — né à Dunkerque en 1650, mort au même endroit en 1702 — était nommé *général de cavalerie sur mer*, nous apprend *M. Maurice Maloche*, dans l'*Intermédiaire* (3).

Quant à ces mots de **M. du Couëdic** : « *Je dois*

---

(1) Originaire de Moulins ; mort en 1792.
(2) 27 juillet 1778.
(3) *Intermédiaire des Chercheurs et Curieux*, du 30 octobre 1909 ; col. 638.

ces compliments en partie à la marche supérieure de la frégate... », il faut s'entendre ; et il m'est agréable de soulever le voile derrière lequel s'abrite la modestie de ce vaillant, sans vouloir nuire en rien aux qualités nautiques de la *Surveillante* auxquelles tout le monde, il est vrai, rendait hommage.

Ses ailes étaient si puissantes et sa structure si bien comprise qu'elle brillait entre toutes par l'aisance et la rapidité de sa marche. Aussi l'avait-on choisie pour éclairer l'escadre contre les entreprises des flottes anglaises et la rapacité de leurs corsaires. Elle était *l'œil* de notre armée navale et la terreur des corsaires ennemis. Le *Spit-Fire*, le *Fox*, l'*Old-England*, le *Lord-Cardiff* notamment, et plusieurs autres encore qu'elle avait capturés ou coulés, en avaient fait l'expérience à leurs dépens, pendant la croisière d'hiver que **du Couëdic** fit au large de Brest, de 1778 à 1779.

De plus, la *Surveillante* s'était distinguée l'année précédente au combat d'Ouëssant, et son capitaine avait reçu une lettre d'éloges particuliers du ministre de la Marine pour sa belle conduite dans la rencontre qu'il avait eue avec le *Spit-Fire*, dont les vingt caronades avaient mis hors de combat un officier et douze hommes de la *Surveillante*, mais qui, lui, avait perdu les trois quarts de son équipage, quand il fut amariné.

Voilà pourquoi **d'Orvilliers** avait dit à **du Couëdic** « LES CHOSES LES PLUS FLATTEUSES ! »

Enfin, je ferai remarquer que les « *bruits publics* » concernant le remplacement de **d'Orvilliers** par **du Chaffault** étaient si bien fondés à la date du 15 septembre, que ce dernier fut en effet nommé commandant en chef deux jours après, le 17.

Reprenons la lecture de la lettre de **du Couëdic** à sa femme.

« Je doute beaucoup que la descente en Angleterre ait lieu cette année. La saison est, je crois, trop avancée. Toute l'armée franco-espagnole se trouve en rade. On dirait une forêt ! Les visites de corps se succèdent et occasionnent de nombreux coups de canon à poudre, et beaucoup de cris de *Vive le Roi* ! Que c'eût été joli si nous avions été suivis de l'escadre de Sir **Richard Hardy**, laquelle ne comprenait que trente-six vaisseaux de ligne, bien vus et bien comptés par moi le jour de leur apparition. La *Surveillante* était placée entre les deux armées, et signalait au général tous les mouvements de l'ennemi, qui fuyait depuis cinq heures du matin. Je n'ai quitté cette position qu'à trois heures après midi. A ce moment, je fis voile pour accoster la *Ville de Paris*, où j'avais ordre de remettre cinquante hommes de mon équipage, et plus si l'on en avait besoin. . . . .

« J'ai donné à chacun de mes trois neveux trente-six livres pour se procurer leur nécessaire indispensable, comme souliers, poudre, pommade, cocarde d'alliance, dans le cas où nous effectuerions une nouvelle sortie pour six semaines.

« **Du Vergier** était littéralement sans culotte. Il en a levé une *(sic)* chez son marchand. De toute nécessité, il faudra l'habiller depuis les pieds jusqu'à la tête.

« Les **du Couëdic** n'ont pas d'argent, et ils en doivent beaucoup chez *Roby*. Le cadet est établi à bord avec les autres, pour lui épargner une auberge à terre, et une chambre qu'on ne trouverait pas pour de l'argent. Son vaisseau sera du nombre des désarmés.....

« ..... Mille amitiés à tous les nôtres. Embrasse bien nos bons petits enfants. Je te rendrai tout cela dès que je le pourrai, mais pas aussi tôt que je le voudrais.

« Bonsoir, chère petite cousine, je t'aime mille fois plus que ma vie.

« Ton compère chevalier,

« DU COUËDIC. »

Comme elle est gentille cette fin de lettre du
« *compère chevalier* » de **Marie-Anne** !

Il y a bien un *post-scriptum*. Nous allons le
lire aussi ; mais auparavant donnons quelques
explications sur ce qui précède, notamment sur
le projet de descente en Angleterre dont il est
question.

On sait, qu'en 1774, l'Angleterre avait établi de
très forts impôts sur toutes les matières et
denrées qu'elle recevait de ses colonies améri-
caines. Ces dernières répondirent à ces mesures
vexatoires, en s'engageant entre elles à ne plus
acheter aucun produit anglais ; en « boycotant »
les cargaisons venant de la Grande-Bretagne ; et
finalement en s'insurgeant contre Albion, dans
le but de secouer son joug et de proclamer
l'indépendance des Etats-Unis d'Amérique. L'Angleterre essaya d'enrayer la révolte, en tentant
de traiter les Américains comme elle a dernière-
ment traité les Boërs du Transwal. Dans les
divers engagements qui eurent lieu entre les
troupes, les revers et les succès se succédèrent
tour à tour pour chacun des adversaires et, dans
le but d'amener une solution heureuse pour leurs
milices, les Américains implorèrent le secours
de *Louis XVI*, qui leur accorda aide et protection.

La première bataille navale qui eut lieu entre
Français et Anglais fut celle du 27 juillet 1778,
au large d'Ouëssant, dont nous avons parlé.

Pendant que les **Washington**, les **La Fayette**

et les **Rochambeau** opéraient sur le continent américain, les **Suffren,** les **d'Estaing,** les **de Grasse**, les **d'Orvilliers**, luttaient sur mer contre les flottes britanniques qu'ils eurent le talent et la bonne fortune d'humilier plusieurs fois.

Dame! à cette époque le pavillon fleurdelysé tenait en respect les couleurs britanniques!

Sous **Louis XVI**, *la marine française a brillé de son plus vif éclat.*

Aujourd'hui, hélas! elle est descendue au quatrième rang, car notre gouvernement s'est laissé devancer par l'Angleterre, les Etats-Unis, et la Prusse!!!...

Bientôt l'Espagne joignit ses forces à celles de **Louis XVI**, et dès lors naquit le projet d'opérer la descente en Angleterre, dont il a été question.

Peu après la Hollande entrait également dans la coalition.

On sait aussi que ce plan n'ayant pu être réalisé en 1779, fut repris plus tard, en 1804, par **Napoléon**. Ce fut à ce sujet que l'empereur reçut, à son camp de Boulogne, les propositions inattendues de l'ingénieur américain **Fulton,** tendant à utiliser la force motrice de la vapeur à bord des bâtiments plats destinés à servir au transport des troupes. Le génie de **Napoléon** entrevit aussitôt l'importance inouïe des découvertes de **Fulton** qui devaient, un jour ou l'autre, changer la marine à voiles, en marine à vapeur, et témoigna tout son mécontentement à son ministre de l'intérieur, **M. de Champagny** qui, selon les habitudes traditionnelles de la bureaucratie, avait commencé par laisser dormir les propositions de **Fulton** dans les cartons du ministère. (1)

Ce nouveau projet de descente en Angleterre ne fut pas davantage mis à exécution en 1804 qu'en 1779 : on sait pourquoi.

Quant au transbordement d'une fraction de l'équipage de la *Surveillante* à bord de la *Ville de Paris*, voici l'explication de cette mesure. Il régnait, dans l'escadre, une épouvantable épidémie de scorbut dont 7000 matelots étaient atteints, et un millier avait succombé depuis six semaines. Il importait cependant de maintenir les grosses unités de combat, les vaisseaux de ligne, en état de reprendre une campagne de guerre, d'un jour à l'autre. En conséquence, il était nécessaire de recompléter leurs équipages. Pour y parvenir, on avait pris le parti de désarmer quelques-uns des plus petits vaisseaux, ainsi que plusieurs bâtiments dans le but de rendre disponibles les marins qui les montaient. Et comme le nombre de matelots nécessaires n'étaient pas atteint par ce moyen, on avait prescrit aux frégates de verser à bord des vaisseaux une certaine

---

(1) Voir l'*Intermédiaire des Chercheurs et Curieux* du 20 octobre 1909, col. 567.

quantité d'hommes, qu'elles devaient remplacer par des recrues de nouvelle levée, pour refaire leur effectif.

Ceci dit, je me souviens que nous avons encore à prendre connaissance du *post-scriptum* de la lettre de **M. du Couëdic**. Le voici :

« Bonne aubaine ! J'arrivais sans *le sol* après ma relâche à la Corogne. Ne voilà-t-il pas qu'il me tombe hier, comme des nues, 1860 livres (1), pour ma part de prise de la frégate anglaise le *Fox*. Te voilà riche ! car, en bonne communauté, je t'en enverrai la moitié. Pour moi, je ne sais comment je m'en tirerai. Tout est si cher, vu la présence des 50.000 marins qui sont à Brest, que nous payons tout au poids de l'or. Enfin, une bonne prise paierait et dédommagerait. La *Surveillante* est faite, si elle croisait seule, pour réaliser dix fortunes avec du bonheur.

« Quant à moi, je me trouve assez riche, puisque j'ai ma **Marie-Anne**. Tu vois que je n'ai pas d'ambition puisque je n'aspire qu'au moment d'être auprès de toi... »

------

(1) La *livre* vaut un franc.

Les trois neveux dont parle **M. du Couëdic** dans la lettre précitée étaient embarqués sur la *Surveillante* en qualité de *gardes de la marine* (aspirants volontaires, si vous préférez).

La sœur aînée de Madame **du Couëdic** avait épousé **M. du Vergier de Kerhorlay.** C'est de l'un de ses fils dont nous avons parlé ci-dessus. Il mourut en 1795, sur le champ de bataille de Quiberon, où il eut une cuisse emportée par un boulet.

Les deux autres neveux du commandant portaient le même nom que lui. Ils avaient quatre autres frères et six sœurs, et appartenaient à la branche de **Kerguelenen.**

L'aîné de nos deux volontaires, devenu enseigne, à dix-huit ans, après le combat de la *Surveillante,* fut embarqué sur une frégate qui fit naufrage l'année suivante (1780) sur la terrible chaussée de Sein. Il eût été infailliblement noyé, avec beaucoup d'autres, si des matelots survivants, l'apercevant drossé entre les vagues, ne s'étaient écriés :

« *C'est un* **du Couëdic,** *dussions-nous périr, il faut le sauver !* »

Quelle puissance magique le nom du commandant de la *Surveillante* exerçait alors sur nos gars d'Arvor!!! Mais il était écrit que son digne neveu, qui avait assisté à quatorze combats, tomberait, deux ans après, les armes à la main. A peine échappé au naufrage, on l'embarque sur la *Nymphe*, commandée par le chevalier **de Trolong de Rumain** qui attaqua la frégate anglaise la *Flora*, le 10 août 1782, et ordonna l'abordage. A ce moment, le commandant fut tué. Il en est de même de son second, le chevalier **de Pennendreff de Keranstret. Du Couëdic,** âgé de vingt et un ans, prend le commandement de la frégate. Il va mettre les pieds sur le pont anglais quand, transpercé par un coup de pique, il tombe ensanglanté entre les bordages des deux bâtiments, où il fut écrasé. Il était natif de Quimperlé.

Son jeune frère avait un an de moins que lui. Il n'était donc âgé que de dix-sept ans, quand il fut nommé enseigne après le combat de la *Surveillante*. C'est l'âge où l'on entre aujourd'hui à l'Ecole navale. Comme son aîné, il avait assisté à maints faits de guerre. En 1786, il fut admis à délibérer aux *Etats de Bretagne*, avant l'âge requis, à titre de récompense nationale et devint plus tard lieutenant de vaisseau. Emigré en 1791, il prit d'abord du service dans la marine russe ; puis, en 1815, dans l'armée royale de Bretagne, et fut tué au combat de Sainte-Anne d'Auray, d'une balle qui lui traversa la poitrine. Il était

DU COUËDIC DE KERGOUALER

Commandant de la *Surveillante*

chevalier de Saint-Louis, et avait épousé, à Quimperlé, Mademoiselle **de Chanteloup,** en 1809.

Vous connaissez maintenant, Mesdames et Messieurs, ces braves jeunes gens, les trois gardes de la marine de la *Surveillante,* dont le « compère chevalier » parlait à sa tendre « **Marie-Anne** » dans la lettre que nous avons lue.

Mais avant d'aller plus loin, qu'il me soit permis de répondre à la question que j'entends d'ici l'un de mes honorables auditeurs poser à son voisin :

« *A quoi bon, dit-il, nous donner tous ces détails qui peuvent tout au plus intéresser la famille?* »

Dois-je m'excuser de vous avoir communiqué le contenu de la DERNIÈRE lettre de **M. du Couëdic?** Si je l'ai fait, c'est qu'elle m'a paru avoir de l'intérêt. M'est avis que pour étudier un caractère, il convient de rechercher et de grouper tous les renseignements pouvant servir à le dépeindre.

Quand la Providence accorde l'heureuse occasion et permet à l'une de ses créatures d'accomplir une action d'éclat, dont la gloire rejaillira autant sur sa famille que sa Province et sa Patrie, il ne peut être qu'intéressant pour le chercheur et l'historien de découvrir quel était l'état d'âme de l'élu, à la veille du jour où il s'est illustré.

Or , de la lettre qui précède, il découle que notre vaillant marin possédait un caractère énergique, simple, charmant et modeste, ainsi qu'un cœur tendre et une âme droite.

Voulez-vous faire plus ample connaissance avec lui ?

Tout à l'heure, quand j'en viendrai à la relation du combat qu'il livra aux Anglais, vous y trouverez la preuve que ce breton d'élite ajoutait à ces qualités primordiales, la science technique de son dur métier ; la décision prompte au moment du danger ; le coup d'œil, qui sait profiter d'une bonne occasion, ou parer un mauvais coup ; une bravoure à toute épreuve ; une confiance en **Dieu** illimitée ; un dévouement sans bornes à son Roi ; une grande élévation de sentiments ; une humanité proverbiale ; et enfin qu'il était animé du plus pur et ardent patriotisme.

Merveilleusement doué par la Providence, adoré de son équipage, il possédait le talent si rare de se faire aimer et craindre tout à la fois. « Il gagnait tellement tous les cœurs de ses subordonnés qu'ils volaient autant par affection que par devoir, au devant de ses moindres ordres. »

Sa physionomie était heureuse et prévenait en sa faveur. Son esprit était juste et délié ; son abord gracieux ; sa conversation agréable. Sa charité était légendaire, et son second, M. le chevalier **de Lostanges** nous apprend « qu'avant de partir de Lorient, il pria l'une de ses sœurs, religieuse à Quimperlé, de faire donner, en son nom, en cas d'événements, six cents livres aux pauvres de la ville et, de plus, d'en faire habiller douze autres ».

C'est avec des chefs aussi vigoureusement trempés qu'on fait des merveilles qui s'ajoutent à la collection déjà si riche que notre bien-aimée Bretagne doit à ses marins et à ses soldats !

IV

Mais revenons au petit salon de la rue Royale dont nous avons parlé.

Au pied de cette belle peinture qui reproduisait la *Surveillante* désemparée, je vois encore d'ici, assis dans un fauteuil, un beau vieillard; aux cheveux blancs, courts et hérissés, d'assez forte corpulence, survenue avec les années ; à la figure ouverte, franche et loyale portant, avec l'empreinte des ans, le cachet d'une grande distinction et le reflet d'une extrême bonté doublé d'une énergie à toute épreuve. C'est **Charles-Louis**, fils de notre héros. Il naquit à Quimperlé en 1777. A peine âgé de quatorze ans, l'envie lui prit de faire connaissance, lui aussi, avec cet océan dont les vagues argentées redisaient si haut, dans les parages d'Ouëssant, les actions d'éclat de son père.

Aussi, malgré cet âge si tendre, l'avait-on vu s'embarquer comme volontaire — après la suppression des gardes de la marine — sur la frégate la *Vigilante*. Il ne fit qu'y paraître, car l'émigration le saisit pour le transporter dans les rangs de l'armée de **Condé**, où peu de temps

CHARLES-LOUIS

après, il recevait une blessure et devenait officier d'ordonnance du duc **d'Enghien**.

Par suite de quelles circonstances passa-t-il plus tard à la Grande Armée ? Je l'ignore, mais il est certain qu'en 1813, il y commandait un escadron, comme capitaine ; y trouvait le moyen et l'occasion de traverser l'armée russe, avec son escadron, pour venir annoncer à **Napoléon** la capitulation de **Vandamme**, et d'enlever un canon à l'ennemi. Après avoir reçu deux balles à la tête, il fut fait prisonnier de guerre à Dresde.

Plus tard, sous la Restauration, il devint lieutenant-colonel de Dragons, puis colonel du 2ᵉ Cuirassiers. Il avait pris part à la campagne d'Espagne ; était gentilhomme de la Chambre du roi **Charles X**, et avait épousé Mᶦᶦᵉ **de Jacquelot de la Motte**. Ses blessures l'ayant obligé de prendre sa retraite en 1828, il avait fixé sa résidence à Nantes, où il mourut en 1850.

Je le vois encore avec son grand air, sa haute et fière stature, sanglé dans sa redingote, dont la boutonnière pouvait indifféremment, à sa guise, être ornée du ruban de chevalier de Saint-Louis ou de la rosette d'officier de la Légion d'Honneur.

C'était une belle figure et un noble caractère.

V

Laissez-moi vous dire un mot de ses fils, car ils ont dignement continué les belles traditions de la famille, et sont nos compatriotes nantais.

Raoul, son fils aîné, naquit à Nantes en 1806. Lui aussi, comme ses aïeux, devait illustrer notre Bretagne.

Entré à quinze ans à l'école de la marine, sise alors à Angoulême, il prit part en 1830 à l'expédition d'Alger. A vingt-six ans, il était lieutenant de frégate et second de la *Béarnaise*. Ce fut en cette qualité, qu'en 1832, il commanda, à côté de deux hommes éminents d'une très rare énergie, **Yusuf**, capitaine de chasseurs algériens, et **Buisson d'Armandy**, capitaine d'artillerie — tous les deux devenus généraux de division — les 25 marins débarqués de sa minuscule goëlette, et escalada les murailles de la casbah de Bône (1).

Ces braves gens y trouvèrent une garnison de

---

(1) M. *du Couëdic* avait pour second, l'élève de marine de première classe *de Cornulier-Lucinière*, mon père.

130 Turcs bien armés, aux ordres du bey **Ibrahim**, fourbe, farouche et sanguinaire hypocrite. Inutile d'ajouter que ces musulmans fanatiques nous étaient sournoisement hostiles.

La ville de Bône, habitée par des Maures, et sa casbah étaient assiégées par **Ben-Aïssa**, à la tête de 2.500 Arabes de Constantine.

La situation de ces 25 valeureux Français était aussi délicate que dangereuse, car ils se trouvaient noyés au milieu d'ennemis qui n'attendaient que l'occasion favorable de s'entendre entre eux pour leur couper la tête. Turcs, Maures et Arabes se rappelaient trop bien, pour l'oublier, la journée du 28 septembre 1831, dans laquelle ils avaient chassé de Bône une compagnie de 120 zouaves envoyée d'Alger pour prendre possession de la ville et de sa casbah. De ces 120 zouaves, il ne s'en était échappé que 40. Le reste avait été massacré. La tête de leur capitaine et celles de nombre de ses zouaves étaient encore suspendues aux créneaux.

J'ai rapporté ces faits en détail dans mon livre *La prise de Bône et de Bougie* (1) ; et M. le comte **Eugène de la Gournerie**, notre si savant et regretté compatriote, en a fait un récit captivant et délicieux dans un petit opuscule intitulé *La*

---

(1) *Lethielleux*, éditeur, 10, rue Cassette, Paris, 1895.

38

Béarnaise, qui a figuré avec honneur dans beaucoup de bibliothèques nantaises.

Qu'il me suffise d'ajouter qu'en hissant notre pavillon sur l'un des bastions de la citadelle, cette poignée de braves jura qu'il y flotterait tant que l'un d'eux resterait pour le défendre...

Ils sont tous morts aujourd'hui... mais nos couleurs y claquent encore au vent.

Devenu lieutenant de vaisseau, à vingt-six ans, après la prise de Bône, puis capitaine de corvette en 1840, **M. du Couëdic**, eut l'occasion de se distinguer à nouveau par la bravoure qu'il déploya à l'attaque de Rosario, dans la Plata, ainsi que dans un débarquement où 70 de nos marins culbutèrent 300 fantassins, et brûlèrent seize bâtiments ennemis. Cet excellent officier supérieur, doué d'un jugement sûr et d'une exquise politesse, aussi aimé de ses chefs que de ses subordonnés, au caractère agréable et chevaleresque, était véritablement l'âme du bâtiment qu'il commanda, où chacun lui obéissait avec plaisir. Il jouissait d'une réputation de rare valeur, et avait épousé, en 1837, Mademoiselle **de Montholon-Sémonville.** Une cruelle maladie le terrassa, à Nantes, dans sa trente-septième année, et l'emporta au début de 1844.

RAOUL

Son frère cadet, **Charles**, que nous avons tous connu ici, naquit à Vannes en 1809 ; embrassa également la carrière de la marine ; y fut décoré comme enseigne, à vingt-six ans ; devint lieutenant de vaisseau, et donna sa démission en 1843, après avoir dirigé l'école des mousses, dont vous voyez encore, par le souvenir, la corvette ancrée à Nantes, sur la Loire, entre Sainte-Anne et Trentemoult.

Il épousa Mlle **Galdemar**, et mourut à Nantes en 1887.

Type d'honneur et de loyauté, chevalier sans peur et sans reproche, ne le voyons-nous pas encore arpentant les rues de notre cité pour y faire le bien, et rendre service à tous, surtout aux petits et aux déshérités ; portant haut, drapé dans sa petite taille dont il n'entendait pas perdre un pouce ?

Auriez-vous oublié sa bonne figure ouverte, intelligente et franche, à demi cachée sous d'épais sourcils noirs de longueur démesurée, à travers lesquels brillaient de grands et beaux yeux bleus d'où filtrait un regard doux, vif et pénétrant.

Caractère très énergique et accentué ; esprit extrêmement fin ; charité inépuisable poussée jusqu'à l'oubli complet de lui-même ; tendresse de cœur presque introuvable chez un homme ; chrétien convaincu, pratiquant sans ostentation, ni défaillance ; telles étaient les qualités caractéristiques de notre vénéré compatriote. Ajoutez à cela, le don d'une mémoire exceptionnelle ; d'une éloquence naturelle, d'une extraordinaire facilité d'élocution ; un talent de dessinateur tel, que ses croquis au crayon expédiés en quelques minutes étaient d'une ressemblance frappante, même faits de mémoire.

Vous qui, comme moi, l'avez tous connu et qui certainement en avez conservé le souvenir, dites si j'ai forcé la note, en rappelant ses vertus ?

CHARLES

VI

Voici le moment venu de vous parler spécialement de la *Surveillante*.

La marine de guerre s'est tellement métamorphosée depuis cinquante ou soixante ans, qu'il devient difficile à ceux qui n'ont pas connu la vieille flotte en bois et à voiles de s'en faire une idée exacte.

Aujourd'hui les mers... et surtout les côtes... sont sillonnées par des monstres marins cuirassés, de formes et de grandeurs différentes, tantôt de couleurs sombres, quelquefois peints en blanc ou en gris, dont le prix oscille entre cent mille francs et quarante-cinq millions.

Ils sont presque sans ailes, depuis que leur mâture a été transformée en blockaus.

L'artillerie qui les arme est puissante et à tir plus ou moins rapide, susceptible de tourner dans tous les sens, et de fournir des feux dans toutes les directions.

Ils ont acquis des vitesses de marche considérables et inespérées, que l'on s'efforce d'augmenter de jour en jour davantage sous l'impulsion de colossales machines, dont des milliers de tonnes de houille sont insuffisantes à calmer le vorace et insatiable appétit, et dont le noir personnel tend à s'accroître journellement de de plus en plus.

Les spécialités de toutes nuances ont envahi les bâtiments : mécaniciens, chauffeurs, soutiers, ingénieurs, électriciens, etc... C'est à peine si le marin y trouve encore sa place.

Quelle différence avec l'ancien temps, pas encore bien éloigné, puisque ceux de ma génération l'ont connu, où ce dernier règnait uniquement en marin sur son navire, en contemplation de sa haute voilure qu'il maniait si légèrement, et où les seules fumées qui ridaient l'azur du ciel provenaient alternativement des fourneaux de la cuisine, de la bouffarde des matelots, ou de la *mêche* pour laquelle un mousse avait des soins de vestale.

Certes! je ne doute pas que notre nouvelle marine fasse des prouesses quand l'occasion se présentera, mais ce que je sais bien, c'est que sa devancière lui a légué des exemples de bravoure et d'héroïsme qui sont des modèles du genre. Elle les égalera, je l'espère ; mais j'affirme qu'elle ne pourra jamais les surpasser.

La *Surveillante* avait été mise en chantier à Lorient, et le lieutenant de vaisseau **du Couëdic** avait été chargé d'en surveiller la construction et l'armement.

Le commandement de cette jolie frégate armée de 26 canons de 12 dans sa batterie couverte (1) et de 10 canons de 4 (2) sur le pont fut confié, quand elle quitta son berceau, à ce remarquable officier qui venait de faire ses preuves dans la mer des Indes.

Il jura devant ses amis qu'elle serait « *son char de triomphe ou son tombeau.* »

L'État-major de la *Surveillante* était composé de la manière suivante :

Le chevalier **du Couëdic de Kergoualer,** lieutenant de vaisseau ; commandant.

M. de la Bintinaye, enseigne de vaisseau ; second.

Le chevalier **de Lostanges,** enseigne de vaisseau ; commandant la batterie couverte.

M. Vaultier
M. du Fresneau
M. de Pinquière
Officiers auxiliaires , lieutenants de frégate pour la durée de la campagne.

M. du Vergier de Kerhorlay
M. du Couëdic, aîné
M. du Couëdic, jeune
Gardes de la marine ; tous les trois, neveux du commandant.

Un aumônier, le P. **Delisle,** dominicain.

---

(1) Dont le boulet sphérique plein pesait 12 livres.
(2) Le poids du boulet plein était de 4 livres.

48

L'ÉQUIPAGE comprenait 277 hommes, tous gars intrépides de notre vieille Armorique, qui adoraient, autant qu'ils le craignaient, leur jeune et brillant capitaine, alors dans sa trente-huitième année.

Ce dernier était né en 1740 au manoir de Kerguelenen, paroisse de Pouldergat, aux environs de Douarnenez. Entré dans la marine comme garde de la marine en 1756, à l'âge de seize ans, il avait reçu le baptême du feu dès l'année suivante ; le vaisseau à bord duquel il servait ayant capturé un vaisseau anglais, près de Saint-Domingue. Un an après, il assistait à un nouveau combat contre les Anglais, dans les parages de Belle-Ile ; puis à un troisième aux environs de Brest, en 1761.

La *Surveillante* avait pris son vol vers la haute mer, et son rang dans l'escadre du lieutenant général comte **d'Orvilliers**, en 1778.

Vous la connaissez déjà, et rien ne vous surprendra lorsque je vous dirai qu'elle fût choisie entre toutes, quand il y eut lieu d'envoyer un bâtiment à la découverte, pour fouiller l'horizon dans la direction de Portsmouth, où se trouvait une flotte anglaise. Elle était toute désignée pour accomplir avec succès cette importante mission.

Dans les ports d'Albion, l'amirauté ne restait pas inactive, comme on le pense bien. Les mises en chantier de nouveaux bâtiments de guerre se succédaient sans arrêts.

Le *Québec*, frégate de 26 canons de 12, en batterie couverte, et de 10 canons de 4, sur les gaillards (le sosie de la *Surveillante*), à peine mise à l'eau, fut désignée pour éclairer la flotte anglaise qui se préparait à quitter Portsmouth, et envoyée en reconnaissance dans la direction de Brest, où se trouvait au mouillage l'escadre combinée franco-espagnole. Son capitaine avait nom **John Farmer**. Il jouissait d'une réputation méritée qu'il s'était acquise dans la mer des Indes.

. . . .

Ni lui, ni son bâtiment ne devaient plus revoir l'Angleterre ; mais ensemble ils allaient se couvrir de gloire !

A chacune de ces deux petites frégates, dont les noms allaient, en s'accouplant, devenir immortels, se trouvait rattaché, pour faire le service de *mouche*, un modeste cutter armé de 10 canons de 4.

L'*Expédition*, sous les ordres d'un enfant de la Bretagne, **M. de Roquefeuil,** enseigne de vaisseau, portait le pavillon blanc fleurdelysé ; et le *Rambler*, commandé par Sir **George,** battait pavillon britannique.

VII

Le hasard voulut que les deux frégates, et leurs annexes, quittâssent leurs ports respectifs de Brest et de Portsmouth le même jour, 4 octobre 1779.

Pendant que les côtes d'Angleterre et de l'île de Wight disparaissaient peu à peu dans la brume à la vue des marins du *Québec*, la *Surveillante* enfilait lentement le goulet de Brest, dont « les rochers sauvages, abrupts, sans cesse battus par les flots qui les minent, les rongent, et quelquefois les perforent, ont des formes étranges et des aspects terrifiants. L'eau coule rapidement à leurs bases, tantôt dans un sens, tantôt dans le sens opposé, suivant la marée, ce qui semble alternativement augmenter ou diminuer leur hauteur. Le goulet a une longueur de plusieurs lieues depuis la rade jusqu'à la pointe Saint-Mathieu ; puis on se trouve pendant longtemps encore dans une mer resserrée, entre des chaussées gigantesques, les plus grandioses qui soient au monde. A droite, elles portent les noms des *Pierres noires*; des *Cheminées*, etc..., et à gauche, celui de *Chaussée de Sein* (1) ». Personne n'a passé le raz de Sein, disent nos vieux loups de mer bretons, *qui n'ait peur ou malheur*.

Soit dit en passant, il n'existe nulle part de rivages plus imposants que ceux de l'entrée de Brest. Ces sites sont réellement impressionnants.

Quand les deux frégates eurent perdu de vue les côtes de leur patrie respective, la nuit les surprit au large. Bientôt commença de luire l'aurore du 5 octobre.

Les voyez-vous d'ici, toutes voiles dehors, se balançant sur les vagues, légères comme des mouettes, éclairées par les beaux rayons d'un soleil de l'été qui se meurt, s'avançant sous la douce et fraîche poussée d'une petite brise du N.-E.

A bord, tout est propre, astiqué, reluisant. Oh ! les jolies coquettes !!!

Bientôt, les ténèbres succèdent au jour. Les étoiles ont déjà peuplé le firmament. Morphée prodigue ses rêves d'or aux équipages qui sommeillent, pendant que la lune, de ses pâles rayons, vient doucement carresser les bordées de matelots qui font le quart de nuit. Tout est

---

(1) *La Prise de Bône et de Bougie,* par le général comte **de Cornulier-Lucinière;** Paris, *Lethielleux*, éditeur, 10, rue Cassette, 1895.

tranquille à l'intérieur et à l'extérieur des bâtiments, dont les fanaux seuls décèlent la présence.

Au lever du soleil, le 6 octobre, les frégates
allaient procéder à leur toilette du matin, lorsque,
tout à coup, elles s'aperçurent à mi-canal de la
Manche...... s'observèrent un instant...... et ne
tardèrent pas à être fixées sur leur nationalité
réciproque.

Il devenait évident que les ablutions matinales
se feraient dans le sang et non dans l'eau.

Ça va chauffer! se disait-on à bord de la *Sur-*
veillante.

Néanmoins, une grande distance séparait
encore les deux adversaires.

Avant de se mettre en branle-bas de combat,
notre héroïque compatriote, dont la piété égalait
le courage, fit faire par son aumônier, devant
tous les hommes réunis, une petite prière, suivie
d'une courte allocution, pour inculquer à son
équipage les sentiments d'abnégation et de
dévouement si nécessaires en un pareil moment.

L'*Amen* de ces braves gens fut un triple et
chaleureux cri de *Vive le roi!.* .... Puis chacun
courut à son poste.

. . . .

Quel est celui d'entre nous qui, ayant marché à l'ennemi, ou couru un grand danger, n'a pas élevé son âme vers le **Dieu des armées,** pour lui offrir le sacrifice de sa vie, et lui demander le courage de remplir noblement son devoir ?

Y ont-ils manqué nos illustres devanciers, lorsqu'ils se sont immortalisés, en 1351, à mi-chemin entre Ploërmel et Josselin, dans le combat *des Trente*, où les trente Bretons de **Beaumanoir** ont culbuté les trente Anglais de **Pembrock ?** Le matin, *tous les nôtres avaient communié avant l'action.*

Y a-t-elle manqué cette jeune fille de dix-huit ans, notre petite et sainte bergère de Domrémy, si miraculeusement choisie par la **Providence** pour « bouter les Anglais hors de France » ? Non certes ! Avant d'assaillir la bastide des Tourelles, *elle s'est agenouillée devant tous ses guerriers, pour implorer la divine protection.*

Et ce jeune Nantais, dans sa simplicité si héroïque, si pleine de grandeur, le voyez-vous d'ici, debout sur l'avant de son contre-torpilleur, au moment où le cuirassé *Brennus* éventrait son bateau ? Que fait-il.

Il vient de refuser de saisir une lanière qu'on lui tendait pour le soustraire à la mort, et de dire :

« *Tout à l'heure ! A mes hommes d'abord !* »

Son torpilleur soulevé, culbuté, par le choc, chavire. L'officier s'écrie :

« *Tâchez de vous sauver, mes enfants* ! *Adieu* !! »

En même temps, *il fait ostensiblement un grand signe de croix...* et disparaît dans les flots !...

. . . .

Tout à coup, excellent nageur, revenant à la surface, il s'accroche à une bouée flottante qu'il saisit !

C'est le salut !

Eh bien !... non, hélas ! Apercevant, près de lui, l'un de ses matelots qui se noie, il lui pousse la bouée, l'aide à s'y cramponner, et le réconforte par cette consolante parole :

« *Courage ! On va te sauver* ! »

Quant à lui, à bout de forces, il disparaît de nouveau dans l'abîme, cette fois pour toujours, entraîné dans le remous colossal qui se produit en formant un gouffre horrible et lugubre..... après avoir accompli cet acte de sublime charité chrétienne.

Son nom ?

Vous le connaissez tous ! Il a fait tressaillir notre ville, la Bretagne, la France, et le monde entier d'un frisson frénétique d'enthousiasme et de fierté.

C'est du lieutenant de vaisseau **de Mauduit-Duplessix**, commandant la *Framée*, sortie de nos chantiers nantais, dont je viens de parler.

. . . .

Jeunes gens ! Laissez dire les *esprits forts* (! ?)

DE MAUDUIT-DUPLESSIX

de la *Libre-Pensée*. Qu'on le veuille ou non, l'homme est ainsi fait, qu'au moment du danger, il se tourne irrésistiblement vers son créateur. Vous en voyez, tous les jours, une preuve éclatante dans la personne de ces égarés qui s'acharnent à biffer le mot **Dieu** de leur vocabulaire, et à persécuter la religion catholique, quand ils sont en bonne santé, mais qui s'empressent de désavouer leurs méfaits, et appellent le prêtre dès que la mort apparaît au chevet de leur lit, pour trancher d'un coup de faux inexorable, le dernier fil qui les rattache encore pour un instant à la vie !

. . . .

. . . .

Pour ma part, j'estime qu'il est préférable d'y aller carrément, en suivant les bons conseils de l'un de nos poètes bretons, l'abbé Kerbiriou, quand il dit :

« *Et déroulant sans peur l'étendard de la Foi.*
« *Nous mourrons, s'il le faut, pour le Christ et sa loi.*»

Remontons à bord de la *Surveillante*.

On y épiait avidement les moindres mouvements du *Québec* et la distance qui séparait les deux navires diminuait peu à peu.

Le sang de la France bouillonnait dans les veines de nos héroïques Bretons.

« *Ma Doué !* » que le temps leur paraissait donc long !

Le moment qui précède une bataille prévue, un engagement attendu, est celui où, malgré soi, on rêve à Dieu, à la Famille et au Pays.

Plus d'un « gars d'Arvor », soyez-en certains, pensait alors aux beaux exemples que lui avait légués son père, dans les nombreuses rencontres qu'il avait eues avec les Anglais..... A sa bonne et tendre mère, qu'il entrevoyait filant sa quenouille au coin du feu !.... A ses sœurs affectionnées, auxquelles il avait jadis fait tant d'espiègleries !.... A sa « *douce* » aussi, dont il apercevait là-bas...., là-bas.... le frais minois !.... Aux « *accordailles* », aux « *épousailles* » !..... Et puis le son nasillard des binious ; le gai tintement des cloches du village, bourdonnaient à sés oreilles !.... Il revoyait aussi au loin...., bien au loin...., la chaumière aimée qui l'avait vu naître...; les houx..., les genêts..., les bruyères..., les sapins...., les ajoncs...., les landes...., les champs de blé noir...., les menhirs...., les calvaires abrités sous des chênes, qui avoisinent le foyer paternel, où grands et petits priaient chaque jour ardemment, suivant les localités,

Saint **Yves** (1), Saint **Corentin**, ou Saint **Guénolé**, et *partout*, en *Arvor*, la bonne Mère **Sainte Anne**, pour le « gars » de la *Surveillante*.

Et si notre **Botrel** avait vécu à cette époque, rien ne me dit, ma foi ! qu'un loustic, pour couper court au courant nostalgique ambiant, n'aurait pas entonné ce couplet de la *Paimpolaise :*

> « Pour combattre la flotte anglaise,
> Comme il faut plus d'un moussaillon,
> **J'en caus'rons** à ma Paimpolaise
> En rentrant au pays breton !»

. . . .

Entre temps, les aiguilles des montres avaient marché..... ; et les frégates aussi. Encore deux ou trois minutes, et elles vont entrer dans ce qu'on appelle *la zône dangereuse*.

. . . .

L'instant est solennel !

Adieu, les souvenirs du pays !...

Les pièces sont chargées !

L'attente devient fébrile !

D'une seconde à l'autre, les commandements vont rompre le silence du bord !

------

(1) *Sanctus Yvo*
  Erat Brito,
  Advocatus sed non latro,
  Res Miranda populo.

60

Les *maîtres*, le sifflet à la bouche, ont les
oreilles ouvertes, et les yeux attentifs fixés sur le
commandant !

. . . .

On arrive à portée de canon ! (1).

Ça y est !!

A **Dieu** *vat* ! ! !

-----

(1) A cette époque, les canons de 12, tous à âmes
lisses, bien entendu, n'avaient aucune portée *efficace*
au-delà de 800 mètres.

VIII

Il était onze heures du matin.

Ce fut la *Surveillante* qui, la première, envoya sa bordée. Le *Québec* la reçut sans répondre, parce que vu la position qu'il occupait à ce moment, il ne lui était pas encore possible d'utiliser son artillerie. Quand il put riposter, les deux frégates se trouvaient à cinq ou six cents mètres l'une de l'autre.

Dame ! à cette époque, les canons à âme lisse n'avaient ni la portée, ni la puissance de pénétration de nos pièces actuelles rayées se chargeant par la culasse. Tant s'en faut! Pour se canonner efficacement, il fallait se regarder,... comme qui dirait, dans le blanc des yeux..., *et on ne s'en privait pas.*

Dans le but de ne pas s'éloigner l'un de l'autre, chacun des capitaines fit diminuer de toile, en carguant la grand'voile; et les frégates restèrent uniquement sous leurs huniers et leurs focs.

A midi, la canonnade battait son plein. Les adversaires marchaient parallèlement dans la direction du N. E. ; la *Surveillante* ayant le

Québec à sa gauche, à moins de deux cent cinquante à trois cents mètres.

La mitraille balayait les ponts, et déjà la mousqueterie commençait à crépiter quoique timidement encore, vu la distance.

N'oublions pas que les fusils à âme lisse et à pierre, alors en usage, n'avaient aucune justesse au-delà de cent cinquante mètres, et que leur portée extrême ne dépassait guère deux cent cinquante mètres.

Ce fut dans ces conditions que se continua le combat pendant près d'une heure. Il devenait de plus en plus acharné, au fur et à mesure que la distance allait en diminuant.

Déjà le sang ruisselait sur les ponts et dans les batteries, où les blessés se débattaient au milieu des morts. Les avaries matérielles succédaient aux avaries. Les bastingages se déchiquetaient de toute part; les bordages éventrés par les boulets volaient en éclat, tuant et blessant les servants des pièces, dont quelques-unes dansaient une sarabande effrénée dans les batteries, parce que les crochets qui fixaient d'ordinaire leurs amarres aux bordages avaient été déboulonnés et arrachés. Les agrès hachés par les projectiles tombaient de tous les côtés, en s'enchevêtrant pêle-mêle, et finalement restaient à la traîne des bâtiments, dont ils paralysaient la manœuvre.

Au loin, les deux côtres *Expédition* et *Rambler*

s'étaient également « pris aux cheveux » dans un combat acharné.

. . . .

Et les frégates se rapprochaient toujours !

Tout à coup, **Farmer** ordonna de diminuer sa faible voilure déjà trouée dans toutes les sens. Son intention est de se laisser dépasser par son antagoniste ; d'abattre ensuite sur tribord, pour envoyer sa bordée de bâbord en poupe de la *Surveillante*, afin de la prendre d'enfilade dans toute sa longueur, ce qui devait vraisemblablement la faire couler à fond.

Mais **du Couëdic** « veillait au grain. » Avec un sang-froid imperturbable, au milieu de cet ouragan de fer, de fonte, de plomb, et d'éclats de toute nature ; avec une décision prompte comme l'éclair, il a compris le danger qui la menaçait, et paré à la situation.

Le voilà bien le coup d'œil de ce marin fieffé !

En un instant, lui aussi, comme **Farmer,** abat vivement sur tribord ; fait sauter les servants des pièces de la batterie bâbord, où ils combattaient, au service des canons de tribord ; charger à mitraille ; . . . .

. . . .

Et quand l'Anglais envoya sa bordée croyant enfiler la *Surveillante* de la poupe à la proue, la frégate française avait achevé son évolution, et lui décochait à bout portant la bordée bien inattendue de ses treize canons de tribord.

Somme toute, les deux navires avaient exécuté sur eux-mêmes un demi-tour complet ; ou en termes marins « viré de bord lof pour lof ». Ils marchaient alors vers le S.-O. encore parallèlement ; mais maintenant la *Surveillante* avait le *Québec* à sa droite, au lieu de l'avoir à sa gauche.

Bref, vers trois heures du soir, les deux adversaires étaient tellement bord à bord que les refouloirs avec lesquels on chargeait les pièces par la bouche, se touchaient par instants.

Le feu avait acquis son maximum d'intensité. Canons, pierriers, fusils, pistolets, parlaient tous à la fois. Le tour des sabres et des haches d'abordage allait venir, car la distance qui séparait les combattants se trouvait réduite à quatre ou cinq mètres.

. . . .

C'est bien là ce qu'on appelle *se regarder dans le blanc des yeux*, n'est-ce pas ?

Soudain ! au milieu de cette cacophonie désordonnée, notre pavillon se détache, tombe à l'eau en tournoyant, et disparaît ; un boulet anglais en a coupé la drisse.

Hourra! sur toute la ligne à bord du *Québec*. Pour un rien, on y cesserait le feu !

. . . .

Mais l'ennemi a trop tôt escompté son succès.

Un jeune Breton, vigoureux et trapu, le pilote **Le Mancq** (de Kervignac, près d'Hennebont, Morbihan), qui était commis à la garde des couleurs, vient de saisir précipitamment un autre pavillon et, la *rage au cœur*, d'entendre les Anglais vociférer des cris de joie, il grimpe vivement dans les haubans d'artimon, et l'y tient crânement déployé aux cris répétés de *Vive le Roi* ! En un clin d'œil, il devient le point de mire de toute la mousqueterie anglaise.

. . . .

Heureuse chance ! il ne reçut aucune égratignure. Ce n'est qu'au moment où un nouveau pavillon flottât de rechef au mât de poupe, qu'il redescendit fièrement d'un poste aussi dangereux, pour reprendre modestement sur le pont son poste de combat.

Oh ! brave d'entre les plus braves ! *sois respectueusement salué par l'auteur de ces lignes, et par tous ceux qui les liront* !

Les forces humaines ont des limites, et les pertes subies par les équipages étaient considérables. Fatalement, le feu commençait à se ralentir, lorsque, tout à coup, les trois mâts de la *Surveillante* s'abattirent à la fois. Par bonheur, ils tombèrent du côté bâbord sans entraver outre mesure l'emploi des canons de tribord qui restèrent en action. De toute la mâture, il ne restait plus que le mât du pavillon de poupe, et aussi le beaupré avec son *bout-dehors*, d'où pendaient les focs lacérés et leurs gréements hachés qui trempaient dans la mer.

Nouveau *hourra* des Anglais !

Cette fois, c'en est fait ! La *Surveillante*, rasée comme un ponton, va tomber en leur pouvoir !

. . . .

Oh ! que nenni ! ! !

Car voici que, cinq minutes après le démâtement de l'héroïque frégate, s'effondrèrent à leur tour et simultanément les trois mâts du non moins héroïque *Québec*. Malheureusement, pour les Anglais, leur chûte s'effectua sur le pont, vers l'arrière, écrasant maints défenseurs et paralysant en partie le service des canons. Le désordre était à son comble à bord de la frégate anglaise, et les bâtiments se touchaient.

Ce fut alors que, pour en profiter, notre bouillant compatriote, malgré les deux balles qui venaient de le frapper à la tête, s'écria : « *Lancez les grenades et... à l'abordage !* »

A ce moment même, il fut atteint par une troisième balle qui lui pénétra dans le ventre. Malgré le sang qui coulait de ses blessures, dont la dernière est mortelle, et les vives douleurs qu'il ressentit, il reste à son poste et trouve le courage vraiment surnaturel de jeter les mots suivants à ses trois jeunes neveux, gardes de la marine, qui commandaient les escouades d'assaut :

« Mes chers enfants ! C'est a vous a donner l'exemple. Pensez a maintenir la gloire de la famille. »

. . . .

Voilà du sublime !... ou je n'y entends rien.

Mais voici qu'une épaisse fumée sort maintenant des flancs du *Québec*. Peu d'instants après, des flammes apparaissent et tourbillonnent avec une intensité croissante. Non seulement l'incendie menace de le dévorer, mais déjà il se communique à la *Surveillante*, dont l'avant, encastré dans les gréements anglais, s'y est embrasé. On dirait que les deux bâtiments, effectivement liés ensemble par le hasard, sont destinés par la fatalité à périr dans une commune et suprême étreinte, en ne formant qu'un immense et lugubre brûlot.

Je pourrais, en passant, vous rappeler un exemple de deux adversaires périssant ensemble de la même manière.

Reportez vos souvenirs sur **Hervé de Primauguet**, cet autre illustre Breton, dont le navire fut couvert de fusées incendiaires par l'Anglais qu'il combattait. Afin d'entraîner son adversaire dans la même ruine que lui, il fit des efforts surhumains pour accoster l'Anglais, et s'entêta si bien à se maintenir accroché à sa hanche que les deux bâtiments brûlèrent et disparurent ensemble dans un même tourbillon de flammes et d'eau.

Revenons au *Québec*.

Affolés, les Anglais imploraient à grands cris le secours des Français. Déjà, des grappes humaines suspendues aux flancs du *Québec* se laissent glisser à la mer, pour se soustraire aux flammes, et se réfugier sur les épaves flottantes, pendant qu'un petit groupe tente de trouver son salut à bord de la *Surveillante*, en cherchant à s'y introduire par les mâts de beaupré, enchevêtrés l'un dans l'autre.

La présence d'esprit de **du Couëdic** croît avec le danger, et ses sentiments d'humanité vont se révéler. Il ordonne de cesser le feu, et de ne penser qu'à sauver ses ennemis, qu'il ne veut plus considérer désormais que comme de malheureux naufragés. Ordre est donné de mettre les pompes en mouvement et les canots à la mer.

L'exécution de ces deux prescriptions présentait les plus grandes difficultés, ainsi qu'on va en juger.

Non seulement les pompes avaient à lutter contre le feu qui avait éclaté dans la poulaine, mais encore il fallait tenter d'épuiser l'eau qui envahissait la cale, en s'y précipitant par les innombrables trous que les boulets avaient faits à la ligne de flottaison, et, vu le grand nombre de morts et de blessés, on constatait que les bras manquaient. Du reste, il n'existait plus que deux pompes en état de fonctionner.

Quant aux canots, ils étaient trop pesants pour être maniés à bras, et la mâture ayant disparu, il devenait impossible de les soulever sans les poulies et les cordages nécessaires pour les enlever. De plus, ils étaient tous troués par les boulets, comme des écumoires ! Seul, le plus petit pouvait être manié et utilisé tant bien que mal. Mais voilà ! après l'avoir hissé à bras, non sans peine, au-dessus du bastingage, et pendant qu'on le descendait le long du bord, il heurta un canon, s'y défonçait, et tombait à l'eau pour y chavirer aussitôt.

Il importait aussi de séparer à tout prix la *Surveillante* du *Québec* qui n'était plus qu'un vaste et dangereux foyer d'incendie. De minute en minute, l'explosion de ses poudres devenait de plus en plus imminente.

Or, les proues des deux bâtiments se touchaient. Un fouillis de cordages, de débris de bois ou de fer, de voiles délabrées et pendantes, accrochait le bout-dehors et le beaupré de la *Surveillante* aux agrès entrelacés, ruinés et désagrégés du *Québec* qui barricadaient son pont et encombraient ses bastingages dans tous les sens.

De plus, par malheur, pour arriver à trancher ce nœud gordien inextricable, il faudrait que les travailleurs allâssent opérer précisément au-dessus d'un ardent brasier, au milieu d'une fumée noire, épaisse, brûlante et nauséabonde.

Se trouvera-t-il quelques hommes assez courageux pour affronter un danger aussi imminent ?..... J'espère que vous n'en doutez pas. Les trois neveux de **du Couëdic** ne sont-ils pas là ? C'est en effet à leur dévouement sans bornes que leur oncle, presque mourant, fait appel. Il leur confie cette périlleuse mission.

Ils ont vite fait de s'adjoindre quelques volontaires munis de haches, et cette petite équipe de braves escalade le beaupré avec une agilité de panthères, se répand sur toute sa longueur jusqu'à l'extrémité du bout-dehors, frappe, brise et démolit les perfides amarres qui soudaient les frégates, si bien qu'en peu d'instants les entraves ont disparu, et les bâtiments sont actuellement déliés.

Mais tout n'est pas fini, car la houle les drosse l'un contre l'autre, et pour un rien ils se ressouderaient de nouveau. D'un autre côté, aucun des deux n'est susceptible de manœuvrer, puisqu'ils sont réduits à l'état de pontons rasés. Cependant, coûte que coûte, il importe de les séparer définitivement.

C'est alors que **du Couëdic** ordonna d'armer les avirons de galère, cette dernière ressource des navires réduits par les circonstances à l'état de *bouchons flottants*; et de les faire agir en sens voulu pour retirer sa frégate en arrière. Là encore il y eut nombre de difficultés à vaincre. D'abord les bras manquaient. Pour renforcer les faibles équipes que les matelots valides et disponibles pouvaient fournir, il fallut recourir aux blessés et aux Anglais qui d'ailleurs, les uns et les autres, en ces critiques circonstances, firent preuve d'abnégation, de solidarité et de dévouement les plus complets.

Ensuite, le maniement des avirons était d'autant plus pénible et dur, que la surface de la mer restait encombrée d'épaves : voiles, vergues, mâts, planches, bois équarris, cordages,... en un mot *tout le diable et son train*. Rien n'y manquait. Ajoutez à cela, la gêne que procurent aux rameurs des boulets échappés de leurs parcs, courant librement dans la batterie, voire même des canons arrachés de leurs crocs, et vous aurez une idée des difficultés que ces marins ont éprouvées, et su vaincre.

Mais à peine commençait-on à se réjouir de cet heureux résultat que, soudainement, le pont et la batterie de la frégate française furent balayés d'un bout à l'autre par des paquets de mitraille bien inattendus qui firent encore de nouvelles victimes, dont un Anglais déjà blessé. C'étaient des canons du *Québec* qui, surchauffés outre mesure dans cette atmosphère brûlante, étaient partis d'eux-mêmes automatiquement.

..... *Tel fut le dernier salut de la frégate anglaise à son vainqueur désemparé !*

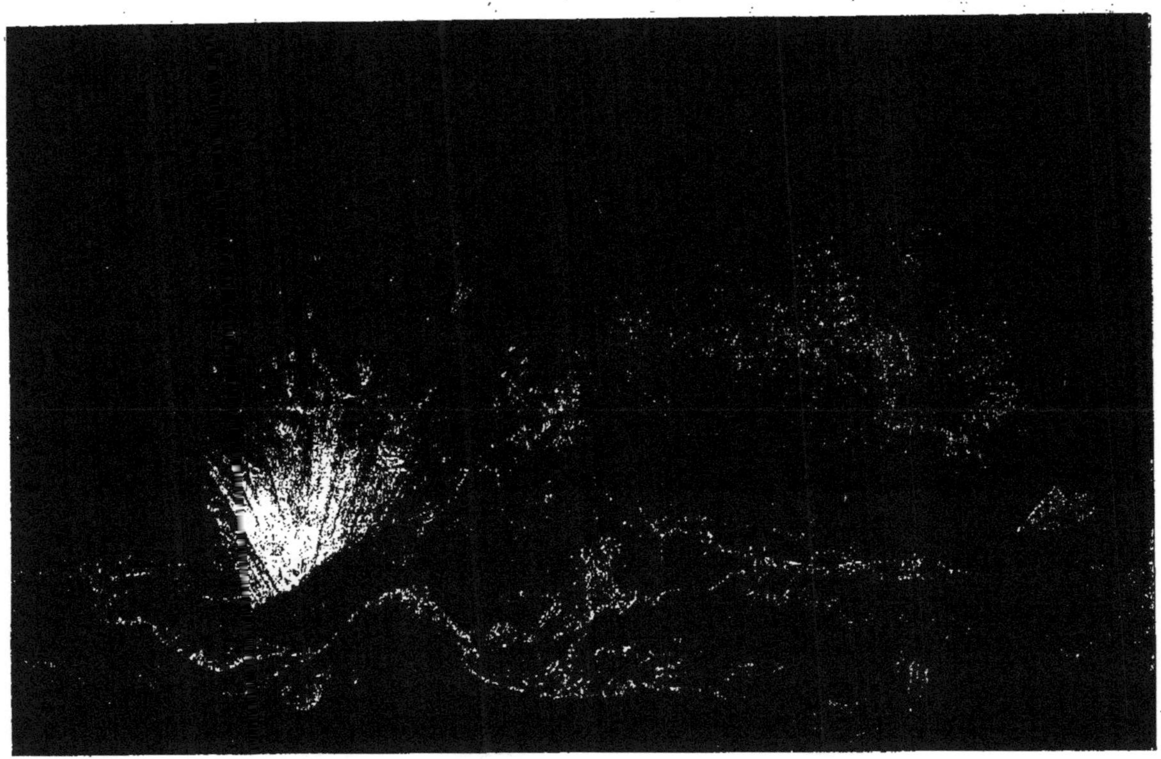

LE COMBAT

Le *Québec* était devenu une immense et ardente fournaise, d'où se dégageait une odeur âcre qui prenait à la gorge, et une chaleur tellement intense que les peintures et le goudron de la *Surveillante* s'en boursoufflaient et s'en crispaient d'horreur. On en était réduit à les arroser continuellement pour les préserver de l'incendie, tant les deux invalides étaient encore rapprochés l'un de l'autre.

Les quelques hommes qui restaient encore à bord du *Québec* poussaient des cris désespérés et désespérants qui fendaient le cœur.

Enfin, vers les cinq heures du soir, leur agonie prit fin. S'entr'ouvrant tout-à-coup comme un volcan, le *Québec* fit explosion, à 80 mètres environ de la frégate française, et disparut bruyamment dans l'abîme, ses couleurs toujours au vent, au milieu d'un gigantesque et effroyable remous teinté de sang, non sans qu'une pluie de ses débris embrasés vint s'abattre sur le pont de la *Surveillante*, et y faire les dernières victimes de cette mémorable journée !

†

Entre temps, dans le but de sauver le plus grand nombre possible d'Anglais, **M. du Couëdic** avait fait jeter à l'eau tout ce qui pouvait flotter, pour procurer aux naufragés le moyen de se cramponner temporairement à ces épaves, et sa grande préoccupation fut ensuite de leur faire lancer des cordes pour établir un va-et-vient de sauvetage et de fortune. C'est ainsi que 43 de ces malheureux, dont plusieurs blessés, furent arrachés à une mort certaine.

Quant au capitaine **Farmer** voici quelle fut sa glorieuse odyssée.

Il avait eu l'idée de mettre l'un de ses canots à la mer avant le combat, et de le laisser à la traîne de sa frégate pendant l'action. Le hasard voulut que cette embarcation ne reçut aucune atteinte. Aussi, quand l'incendie se fut déclaré à bord du *Québec*, et que les Français eurent cessé le feu, il ordonna d'employer ledit canot, resté seul utilisable, à transborder, à bord de la *Surveillante*, l'équipage et sir **Roberts**, son second, qui était blessé. Ce dernier sollicita vivement **Farmer** de s'y embarquer avec eux. Non seulement il essuya un refus, mais encore il reçut l'ordre formel de faire pousser immédiatement l'embarcation, et de la renvoyer ensuite pour continuer le sauvetage.

Stoïque et fidèle à remplir ses devoirs de commandant, **Farmer** déclara qu'il ne quitterait sa frégate qu'après le dernier de ses matelots. Le canot déraisonnablement surchargé coula sous ses yeux ; et **Farmer** sauta avec le *Québec*, ou périt dans les flammes....... Honneur à ce martyr du devoir professionnel !

L'un des plus cuisants regrets de **du Couëdic** fut, jusqu'à sa mort, de n'avoir pu réussir à lui sauver la vie !

—————

X

Retournons à bord de la *Surveillante*.

Pauvre petite frégate ! Toi qui étais ce matin si coquette, si légère et si fière quand tu te mis en branle-bas de combat, voici que, le soir venu, c'est à peine si tu peux te soutenir sur l'eau qui envahit ta cale par les innombrables blessures que les boulets anglais ont fait dans ta coque. Tes parures sont fanées. Tu es amputée de tes membres ! Tes ailes sont brisées ! Te voilà sans défense, à la merci du moindre courant, et de la plus légère brise contraire ! — Oh ! sois tranquille néanmoins ! Pendant que tu perdais, un à un, tous tes moyens d'action, tu recevais à ton bord la visite d'une compagne qui veille à ton salut, ne t'abandonnera pas..... et te ramènera au port dans son char de triomphe.

...... Elle s'appelle : **La Gloire**, et elle te restera fidèle parce que tu as fait sa conquête.

...... Cependant la situation devenait de plus en plus critique, attendu que, de minute en minute, l'inondation des cales allait en s'aggravant, et la *Surveillante* enfonçait à vue d'œil ! On avait été dans la nécessité de faire sortir les blessés des profondeurs de la frégate, pour ne pas les voir exposés à y être noyés ; et chacun se demandait anxieusement si le bâtiment ne coulerait pas à pic, avant le coucher du soleil déjà fortement sur son déclin.

Tous les yeux se tournaient vers **du Couëdic,** allongé sur le pont, dont la faiblesse occasionnée par l'abondance de sang qu'il perdait, et les cruelles douleurs que lui causaient ses trois blessures, allait en augmentant. Mais il existe des hommes dont la vigueur morale à toute épreuve sait dompter les souffrances physiques les plus vives. Notre héros breton était assurément de ceux-là. Voyez plutôt ce qu'en dit le chevalier **de Lostanges :**

« Dans ses regards toujours fermes et rassurants, l'équipage puisait son courage, sa confiance et son espérance. Il ordonna d'enfoncer les cloisons, de pratiquer des puits, de former des chaînes, et de faire agir les deux seules pompes qui pouvaient servir.

Tous se mirent à l'ouvrage, Français, Anglais, même les blessés. Bientôt, le succès répondant à l'activité et au courage, on vit que l'eau n'augmentait plus. L'espérance faisant place à la crainte, le travail se continua avec plus de force et d'ardeur. L'eau diminua et la cale fut entièrement vidée. »

Quant aux trous faits par les boulets dans la coque du navire, à proximité de la ligne de flottaison, on avait bien déjà tenté de les aveugler en y clouant des plaques de bois ; mais cet important travail avait été forcément fait avec une précipitation contraire à sa bonne exécution. Aussi devenait-il urgent de le reprendre en détail, pour en assurer la solidité. C'est ce que l'on fit avec soin, et les joints furent provisoirement calfatés avec de l'étoupe.

Du Couëdic avait été réellement l'âme de sa frégate. Tout danger immédiat semblait écarté. Le moment était venu pour lui de prendre quelque repos et de faire enfin panser ses blessures. Mais auparavant, il voulut cependant adresser quelques paroles aux quarante-trois Anglais qu'il avait arrachés à la mort. En conséquence, il ordonna qu'on les réunit autour du grabat ensanglanté sur lequel il gisait.

Il leur dit combien les Français admiraient le courage dont les Anglais avaient donné des preuves dans cette journée. Il ajouta que le *Québec* ayant péri, son pavillon flottant, les survivants de son équipage seraient traités en naufragés, et non en prisonniers (1). Il témoigna ses regrets

---

(1) Cela est d'autant plus méritoire à **M. du Couëdic** qu'il avait jadis été fait prisonnier par les Anglais, et fort rudement traité par eux sur leurs pontons.

amers de n'avoir pu sauver le capitaine **Farmer,**
et un plus grand nombre de ses valeureux matelots. Puis il termina en remerciant les présents
du concours empressé qu'ils avaient prêté à ses
hommes, et de lui avoir obéi comme ils l'eussent
fait à leur propre chef.

Il était six heures du soir quand il quitta le
pont, permettant enfin qu'on le descendit à son
logement, après avoir remis le commandement
de la frégate au seul officier qui restait valide.
C'était un officier auxiliaire.

XI

Quel a donc été le sort de l'état-major du bord ? Quelles furent les pertes de l'équipage ? me demandez-vous anxieusement ?

Je vais satisfaire votre légitime curiosité.

— **M. de la Bintinaye**, enseigne et second de la frégate, a non seulement subi l'amputation du bras droit, mais encore a-t-il eu trois doigts de la main gauche emportés !

— L'autre enseigne qui commandait la batterie couverte, le chevalier **de Lostanges**, était à faire soigner ses blessures quand eut lieu le démâtement de la frégate. Il n'hésita pas à « lâcher » le chirurgien pour remonter sur le pont de la batterie, bien qu'il ruisselât de sang, ayant l'œil gauche crevé, et les deux bras contusionnés !

Voilà quel fut le sort des officiers de *l'active* ! Etaient-ce des hommes de cœur, ces jeunes gens de vingt-cinq ans ?

Et soyez convaincus que les officiers de *réserve*, qui servaient en qualité de lieutenants de frégate pour la durée de la guerre, ou d'officiers auxiliaires, si vous préférez, marchaient dignement sur leurs traces. La preuve, la voici.

— **M. Vauthier** a été amputé du bras droit, et blessé à la poitrine.

— **M. Pinquières**, mortellement frappé, expira pendant qu'il cherchait encore à exécuter un ordre que le second venait de lui donner.

— Seul, **M. du Fresneau du Buynes** restait valide. C'est à lui que **du Couëdic** confia la mission de conduire la *Surveillante* au port le plus voisin ; mission mille fois délicate, car non seulement la moindre houle pouvait la faire couler, mais il y avait en outre à craindre la rencontre d'un corsaire anglais en quête d'aventures, dont le bruit de la canonnade aurait pu attirer l'attention, ce qui l'eût amené dans ces parages.

Du Fresneau avait prévu ce cas. Il s'était décidé à parquer, à l'occasion, les Anglais dans la cale ; fait jurer aux Bretons survivants de la frégate de ne pas se rendre, quoiqu'il arrivât, et de vendre chèrement leur vie, dussent-ils tous périr avec leur glorieux bâtiment (1).

. . . .

Quels hommes ! quelle énergie !!

Oh ! la France et la Bretagne ont le droit d'être fières de ces gaillards-là !!

---

(1) Les *Vandamme*, les *Dupont*, les *Bazaine*, les *Wimpffen*, les *Napoléon III*, auraient bien fait de suivre l'exemple de ce brave officier auxiliaire !

Saluons leur mémoire, Mesdames et Messieurs, par une salve de chaleureux applaudissements !

. . . .

Quant aux trois gardes de la marine, **du Vergier de Kerhorlay,** et les deux **du Couëdic,** ils étaient sortis indemnes de cette furieuse bagarre.

Voilà pour l'état-major.

Passons à l'équipage.

Quand on a de pareils officiers pour chefs de file, soyez sûrs que personne ne reste en arrière.

Sur les 272 hommes qui le composaient, 210 furent mis hors de combat ; *plus des trois quarts !* — En d'autres termes 77 sur cent !

. . . .

Le roi **Louis XVI** récompensa généreusement de pareils sacrifices, par des grades, des croix, des pensions reversibles sur les veuves et les orphelins ; les unes prélevées sur *sa cassette particulière* ; les autres, sur la caisse des Invalides. Nombre d'orphelins, sinon tous, furent inscrits sur la liste des *Enfants d'Etat.* (1)

-----

(1) Ainsi qu'on le voit, ce bon roi ne se contentait pas, comme il est de mode de le faire aujourd'hui, de décorer un mort, sans plus s'occuper de sa veuve et de ses orphelins.

Louis XVI a toujours eu des bontés particulières pour toux ceux, grands ou *petits*, qui ont illustré le pavillon français.

En 1777, il avait tenu à se faire présenter, par le duc d'**Ayen**, un humble mais héroïque pilote de Dieppe, dont le courage et le dévouement étaient légendaires. **Bouzard** était son nom. Le Roi ordonna qu'on lui construisit une maison aux frais de sa *propre cassette.*

. . . .

Quand les Anges invitèrent les bergers à se rendre à Bethléem pour y adorer l'Enfant-Dieu dans sa crèche, l'un d'eux leur répondit, rapporte si gentiment un joli *Noël* en patois de Besançon :

> « *Nous ne sçant pas ce que veute dire ;*
> « *Les pouères gens ne vont pas chue roi.* » (1)

Il n'en fut pas ainsi de **Le Mancq**, que **Louis XVI** tenait tellement à connaître qu'il l'honora d'une invitation à venir, un jour, s'asseoir à sa table royale, pour y prendre un repas.

Le « pouère » **Le Mancq** se rendit donc « chue roi » portant fièrement sur sa poitrine la belle médaille d'or, suspendue au ruban rouge de la croix de Saint-Louis, que S. M. lui avait décernée.

____

(1) « *Libre Parole* » du 25 décembre 1909.

Et puisque je viens de faire une digression au sujet de **Le Mancq**, permettez-moi de l'allonger en vous citant une autre action qui le concerne. Elle vous prouvera que ce rude *gars* du Morbihan est toujours resté ce qu'on appelle en langage militaire « un homme à poils ».

C'était en 1793, la Convention avait imaginé de supprimer toutes les décorations accordées par l'ancien régime, et décrété que chacun de ceux qui en avaient reçues devait venir les apporter au Comité du Salut Public de sa résidence. **Le Mancq** obéit ; mais tout en portant sa médaille dans une main, il emportait un marteau dans l'autre. Et voici le discours laconique qu'il pornonça devant les membres du Comité :

« — *Citoyens ! Vous m'avez demandé ma médaille ; mais c'est sans doute l'or que vous voulez. La voilà !*

Et broyant la pièce sous son marteau, il la jeta aux pieds des Conventionnels, et ajouta :

« — *Quant à l'honneur, il m'appartient, et personne ne me l'enlèvera !* »

En prononçant ces mots, il sortit, laissant le Comité stupéfait de la superbe audace de son action. (1)

---

(1) J'ai extrait les lignes qui précèdent de l'opuscule de M. **Kernéïs** « *La Surveillante* et la *Nymphe* », où il est dit que ce fait a été cité par M. **Hersart de la Villemarqué** dans le *Barzaz-Breiz,* p. 362.

Le Mancq est devenu chef d'escadre ou contre-amiral (1).

Mais revenons à la *Surveillante*.

« M. **Du Fresneau du Buynes** fit ajuster des mâtereaux aux tronçons des bas-mâts coupés à dix pieds au-dessus du pont, nous dit M. **de Los-tanges**. On y gréa de petites voiles, et la frégate put ainsi marcher et être dirigée, le gouvernail et sa barre n'ayant reçu aucun dommage. »

La brise était légère avec tendance accentuée à tomber de plus en plus, au fur et à mesure que la nuit baisserait le rideau de ses ténèbres sur la scène où le grand drame venait de se jouer.

---

(1) J'ai écrit, en novembre dernier, à M. le Maire de Kervignac, là où était né **Le Mancq,** pour demander s'il existait encore quelques descendants de ce héros. M. le Maire de cette localité a eu l'amabilité de me répondre, ce dont je le remercie, qu'il n'existait plus de **Le Mancq**, hommes ou femmes, depuis 1866, mais que les trois descendants directs, actuellement existants, portaient le nom de **Joffré,** et étaient tous dans les ordres sacrés. Je me ferai un plaisir de leur adresser un exemplaire de ce petit livre, en souvenir du vaillant marin, leur parent, de la vie duquel j'ai rapporté trois épisodes émouvants.

Toute trace de houle ayant peu à peu disparu, la mer jouissait d'un calme presque complet. La fatigue des hommes était si considérable que ceux qui faisaient le quart, pouvant à peine résister aux étreintes écrasantes du sommeil, se prenaient à dormir debout ; et la frégate glissait lourdement dans la direction d'Ouëssant, avec la lenteur monotone et désespérante d'une charrette à bœufs.

La lueur de ses fanaux de poupe fut aperçue au loin par M. **de Roquefeuil** qui dirigea sur elle son cutter. Vers onze heures du soir, l'*Expédition* parvint à portée de voix de la *Surveillante*, et rendit compte de ce qui lui était arrivé. Elle aussi, cette *coque de noix*, avait eu sa part de gloire dans cette journée, car elle « s'était prise aux cheveux » avec le *Rambler*. Le second de l'*Expédition*, M. **Prince**, officier auxiliaire, avait été tué ; 30 hommes de l'équipage étaient hors de combat. Les hostilités entre les deux petits bâtiments n'avaient cessé qu'au moment où l'incendie du *Québec* éclata. A la vue de ce terrible incident, et comprenant que la canonnade avait pris fin entre les deux frégates, M. **de Roquefeuil,** mû par le même sentiment d'humanité qui s'était emparé de M. **du Couëdic,** avait ordonné de cesser le feu, pour procéder au sauvetage de l'équipage anglais du *Québec*. Il se trouva que son canot percé dans tous les sens ne put tenir la mer, et que l'absence presque complète de

brisc clouait sur place l'*Expédition*. Cependant,
grâce à ses avirons de galère, elle put accoster
quelques débris flottants auxquels s'étaient
accrochés des Anglais, et parvint à sauver huit
de ces derniers, parmi lesquels se trouvait sir
Robert's, second du *Québec*.

XII

Dans le royaume des aveugles, les borgnes sont rois, dit l'un de nos vieux proverbes. Qui eût pensé, dans la matinée du 6 octobre, que, le soir même, ce serait le plus faible de nos deux bâtiments qui, malgré les avaries de sa mâture, traînerait le plus puissant devenu complètement impotent ? Cependant il en fut ainsi, et la modeste *mouche*, quoique blessée, s'attela à la frégate délabrée pour la remorquer vers Ouëssant.

La brise, qui était toujours allée en faiblissant, finit par tomber tout-à-fait ; et un profond calme plat lui succéda, en sorte que, sur cette mer transformée en un lac d'huile, il devenait impossible d'avancer.

Par bonheur, de nombreuses barques de pêcheurs, qui venaient de passer la nuit au large, se trouvaient à proximité dans la même situation. Elles mirent à la rame et eurent vite fait de rallier nos deux invalides.

Dès que nos pêcheurs connurent ce qui s'était passé, ils réclamèrent l'honneur de remorquer la frégate pour la conduire à terre, et offrirent aux équipages le poisson qu'ils avaient pris. Leurs avirons, vigoureusement maniés, pliaient sous le fardeau, et leur joie se traduisait par des cris répétés de : *Vive le Roi !* C'est ainsi que, dans la soirée, nos glorieux mutilés purent mouiller à Camaret, petit port situé à l'extrémité de la presqu'île de Crozon.

Chemin faisant, dans le but de rendre grâce à **Dieu, du Couëdic** avait prescrit à l'aumônier d'adresser publiquement une prière en commun à la **Providence,** devant l'équipage réuni sur le pont, pour appeler sa miséricorde sur ceux qui avaient péri, et implorer sa protection en faveur des survivants. Français et Anglais, debout, la coiffure à la main, y participèrent respectueusement.

Quitte à déplaire aux *Libres-Penseurs* qui *refusent aux autres la liberté* de ne pas agir ou penser comme eux, je gage que jamais prière plus fervente ait été adressée à l'Éternel.

Elle venait à peine de prendre fin que l'un des matelots s'écria : « *Terre !* » C'étaient les côtes de l'île d'Ouëssant qui apparaissaient dans le sud, à l'extrême horizon.

XIII

Le 8 octobre fut un jour de triomphe pour la *Surveillante*.

Dès le matin, une corvette, envoyée de Brest pendant la nuit, lui apporta, avec les félicitations du commandant de la marine du port, jointes à celles des amiraux des escadres française et espagnole , les secours qui lui étaient le plus nécessaires.

Cinquante canots, détachés par chacune des escadres , vinrent joyeusement lui donner la remorque. C'est ainsi que, par un soleil radieux, la *Surveillante* enfila le goulet ; entra en rade ; passa lentement et majestueusement au milieu des vaisseaux pavoisés de l'escadre combinée.

Dépeindre l'enthousiasme vibrant et indescriptible qui s'empara de leurs équipages, montés dans les haubans et hissés sur les vergues, est au-dessus de mes forces. Jamais ovation ne fût plus chaleureuse et mieux méritée. Les cris mille fois répétés de : *Vive le Roi* ! sillonnaient l'air dans tous les sens. Et quand la frégate mouilla près de l'entrée de l'arsenal, la population tout entière de la ville joignit ses acclamations frénétiques et unanimes à celles des équipages des escadres.

Les lieutenants généraux comte **d'Orvilliers** et **du Chaffault** s'empressèrent de venir serrer la main du vaillant **du Couëdic**, et d'apporter leurs plus vives félicitations à ses dignes compagnons.

Puis on descendit, dans le canot du commandant de la marine, le glorieux « *compère de* **Marie-Anne** », étendu sur un matelas, au milieu d'un profond silence et de l'émotion générale.... « Mais quand le canot poussa au large, l'équipage ne put se contenir, et les trois cris de *Vive le Roi* ! qu'il proféra spontanément, payèrent son tribut d'admiration et de respect à ce noble enfant de la Bretagne, qui l'avait conduit à la victoire et sauvé des plus grands dangers. »

Lorsque la chaloupe qui le transportait accosta le quai, les autorités militaires de terre et de mer, ainsi que les autorités civiles et la population, entourèrent le vaillant mutilé, qui fut porté au domicile de l'un de ses parents, par les bombardiers de la marine, sur un brancard enguirlandé de trophées de drapeaux.

Les autres blessés furent également débarqués et transportés, à raison d'un seul par canot, et M. **de Roquefeuil** donna, dans sa propre maison, l'hospitalité à sir **Robert's**.

XIV

Madame **du Couëdic**, et ses trois neveux, entourèrent le malade de leurs soins les plus touchants.

Le Roi le nomma capitaine de vaisseau ; et aussitôt qu'il se sentit un peu soulagé, il s'empressa de redemander le commandement de sa frégate affectionnée au lieu de celui d'un vaisseau, ce qui lui fut accordé le 14 novembre.

Mais hélas ! la balle qui l'avait frappé à l'abdomen, étant allée se loger dans les reins, n'avait pu être extraite. La blessure qu'elle avait occasionnée devait fatalement le conduire au tombeau.

Sa résignation était admirable. « *Il mourait content* ; disait-il un jour, *puisqu'il avait rendu à son* **Dieu** *et à son* **Roi** *ce qu'il leur devait.* »

Sa grande préoccupation fut de faire accorder des faveurs si bien méritées à tous ceux qui avaient été blessés, ainsi qu'aux familles de ceux qui avaient péri. Les démarches incessantes qu'il fit pour arriver au résultat qu'il désirait, lui faisait dire à ses amis, avec cet air de bienveillance qui le caractérisait :

« *Auriez-vous jamais prévu que le chevalier* **du Couëdic,** *cinquième cadet, né avec une fortune très bornée, serait un jour devenu un homme à protection ?* »

Il s'était également occupé du sort des cinquante et un Anglais que la *Surveillante* et l'*Expédition* avaient sauvés. La promesse qu'il leur avait faite, d'être traités en naufragés et non pas en prisonniers de guerre, fut ratifiée par le Roi, et peu après ils furent rapatriés, par échange, à bord d'un bateau parlementaire.

A ce propos j'ajouterai que les pertes du *Québec* avaient été considérables. 4 officiers sur 5 ; et 189 matelots, sur 266, étaient tués ou blessés. 50 devaient la vie à **du Couëdic** et à **de Roquefeuil** ; 20 autres avaient été recueillis par le *Rambler,* et 7 autres, enfin, par un navire danois du commerce, de passage à cet endroit. . . . .

Ce fut le 7 janvier 1780 que notre héros, à peine âgé de quarante ans, fut enlevé à l'affection des siens. Il repose, dans l'église *Saint-Louis* de Brest, sous un mausolée de marbre que le roi **Louis XVI** lui fit ériger.

EPILOGUE

Je ne terminerai pas cette causerie, Mesdames et Messieurs, sans vous remercier de la bienveillante attention que vous m'avez fait l'honneur de m'accorder.

Je m'estimerai heureux si j'ai réussi à vous donner une idée de la vaillance de notre forte race bretonne. Ce que nos pères ont fait, nos enfants le feront quand l'occasion naîtra, soyez en sûrs, *s'ils portent dans leur cœur les sentiments d'honneur et de foi qui engendrent les héros.*

Je remercie bien cordialement aussi **M. Bazoche,** toujours si complaisamment empressé à rendre service; car c'est à son extrême bienveillance que je dois d'avoir pu vous montrer en projection la silhouette de quelques-uns de ceux dont j'ai eu l'honneur de vous parler. Dans quelques jours, lors de la prochaine *Veillée Nantaise,* il vous sera donné d'admirer son talent, la puissance de ses appareils si perfectionnés, et son inaltérable dévouement à nos réunions d'hiver.

Tous les survivants de la *Surveillante* ont, depuis longtemps déjà, rejoint dans l'autre

monde leurs camarades morts au champ d'honneur, le 6 octobre 1779. Je salue *profondément,* et
indistinctement la mémoire de tous ces braves.

C'est aussi, avec respect, que j'aime à m'incliner
devant les membres actuellement morts ou
vivants de cette famille **du Couëdic de Kergoualer,**
dont les aïeux ont illustré le nom en même
temps qu'ils ont couvert de gloire le Drapeau de
la France, et le sol de nos vieilles landes bre-
tonnes.

Je ne veux pas oublier cet autre **du Couëdic**
dont la tête tomba sous l'échafaud sur notre
place du Bouffay, à Nantes, avec celles de
MM. **de Montlouis, Lemoine de Talhouët,** et **de
Pont-Calec,** sous la régence d'un prince dissolu,
dont l'amour pour l'Angleterre avait *exaspéré*
toute la Bretagne. J'ai nommé **Philippe d'Orléans,**
tuteur de l'arrière petit-fils de **Louis XIV, Louis
XV** encore enfant.

Leur crime avait été d'avoir songé à rendre
à notre province l'indépendance dont elle avait
joui avant le mariage de notre bonne Duchesse
Anne.

A la jeune et brillante génération qui succé-
dera à la mienne et qui, *j'en suis certain,* verra
des jours meilleurs que ceux que nous vivons
aujourd'hui, je me fais un plaisir de répéter les
paroles que prononça, le 14 janvier 1819, il y
aura demain un siècle, M. le capitaine de vaisseau
du Plessis-Pascault, en présence des jeunes

élèves de la marine. Ces derniers avaient été réunis pour saluer le portrait du commandant de la *Surveillante*, dont **Louis XVIII** venait de faire cadeau à leur école : voici ses paroles :

« *Mes amis ! soyez tous des* **du Couëdic** ; *et si les occasions se présentent, vous n'aurez rien à envier à la gloire de nos marins immortels !* »

. . . .

Et j'ajoute : NI A PERSONNE.

. . . .

Elle est nombreuse cette pléiade de vaillants marins bretons : **Primauguet** ; **Jacques Cartier** ; **Duguay-Trouin** ; **Surcouf** ; **Cassard** ; **Kergariou** ; **Bisson** ; **Trémintin** ;... etc.

Honorons leur mémoire, et celle de ces modestes héros, moins connus peut-être, mais non moins braves, aussi nombreux que les grains de sable de nos plages, qui ont sacrifié leur vie pour la défense et l'honneur de notre pavillon.

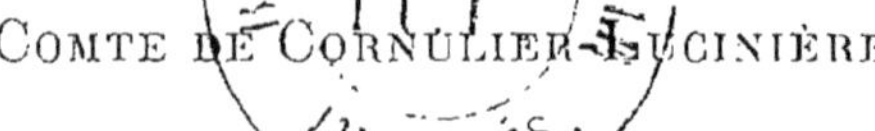

COMTE DE CORNULIER-LUCINIÈRE

DOCUMENTS CONSULTÉS

Nota. — Pour faire le travail qui précède, je me suis servi des renseignements et des documents qui m'ont été si aimablement fournis par mon ami le vicomte **du Couëdic de Kergoualer ;** par mon neveu, le vicomte **de Cornulier-Lucinière ;** et j'ai fait de larges emprunts à ceux qui ont été conservés dans les deux brochures suivantes :

A. — *Relation du combat de la frégate française la* Surveillante *contre la frégate anglaise le* Québec ; par M. le chevalier **de Lostanges** (Paris, Firmin-Didot, imprimeur du Roi ; de l'Institut et de la Marine ; rue Jacob, n° 24, — 1817 —).

B. — *Les frégates la* Surveillante *et la* Nymphe, par M. **Kernéïs,** bibliothécaire de la Marine (Brest, A. Dumont, imprimeur, rue Kléber, n° 11, —1892 —).

TABLE

IMP. DE LA LOIRE. 5, rue de Strasbourg, NANTES.